# JUEGOS EXPLOSIVOS

## Laberintos Libros

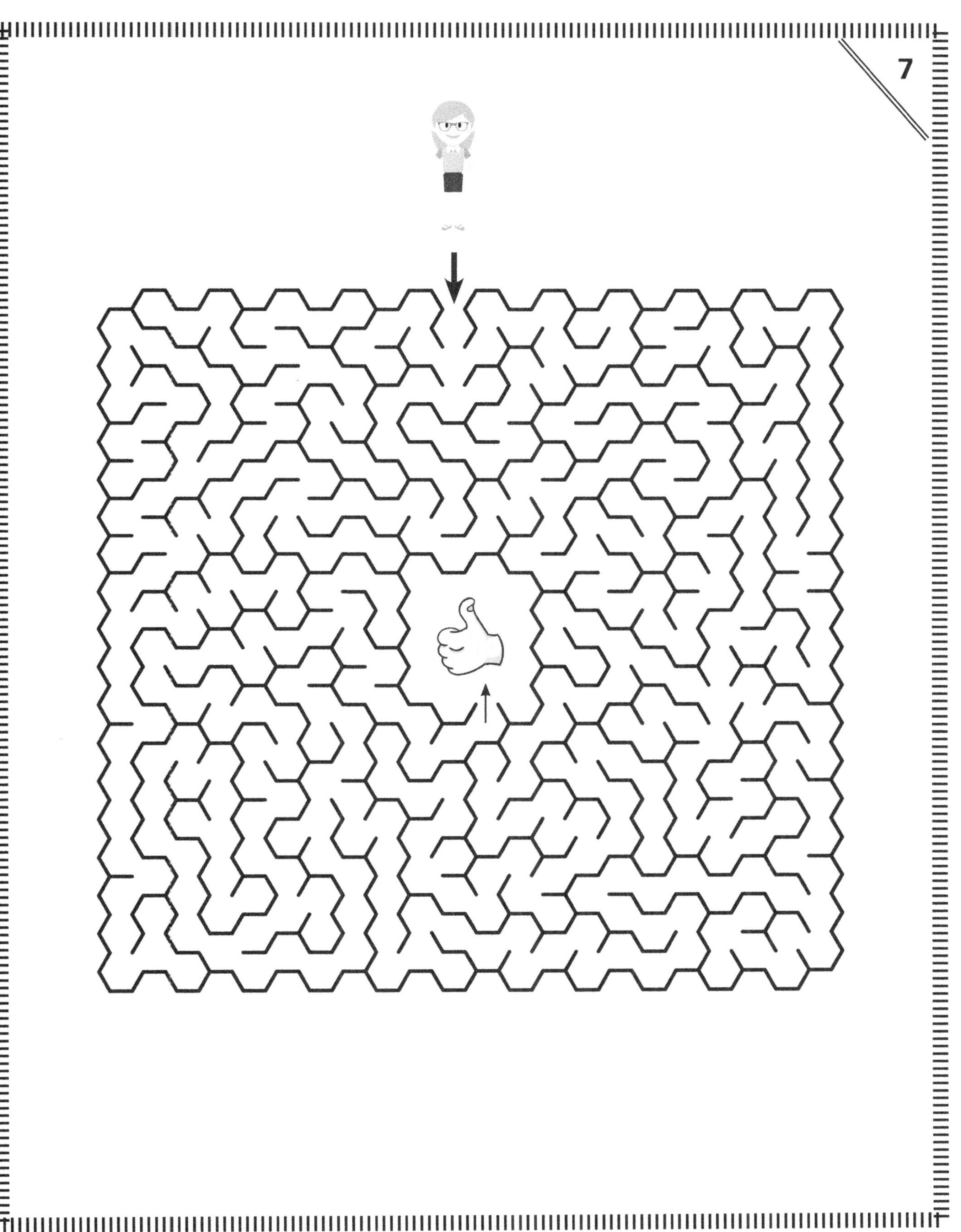

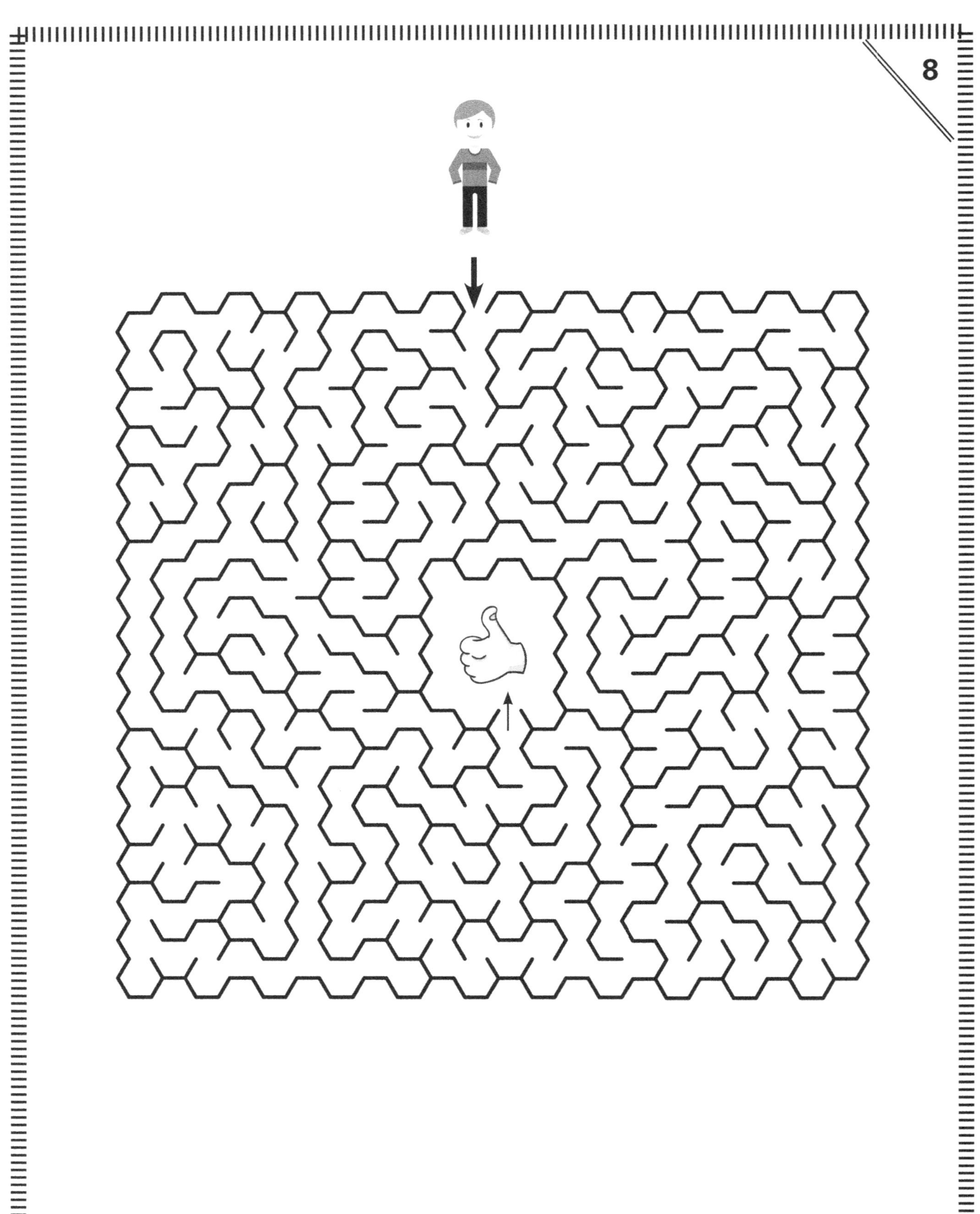

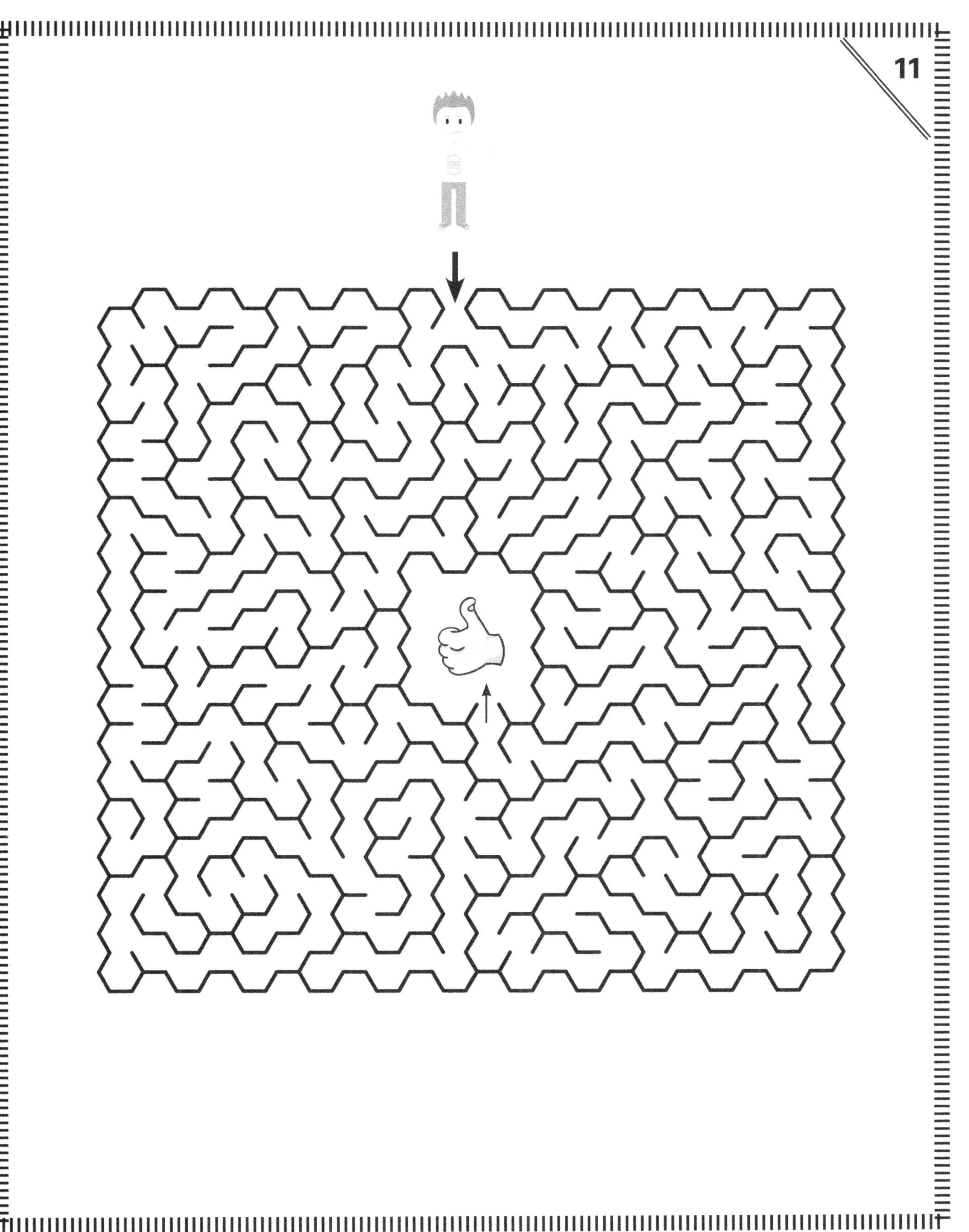

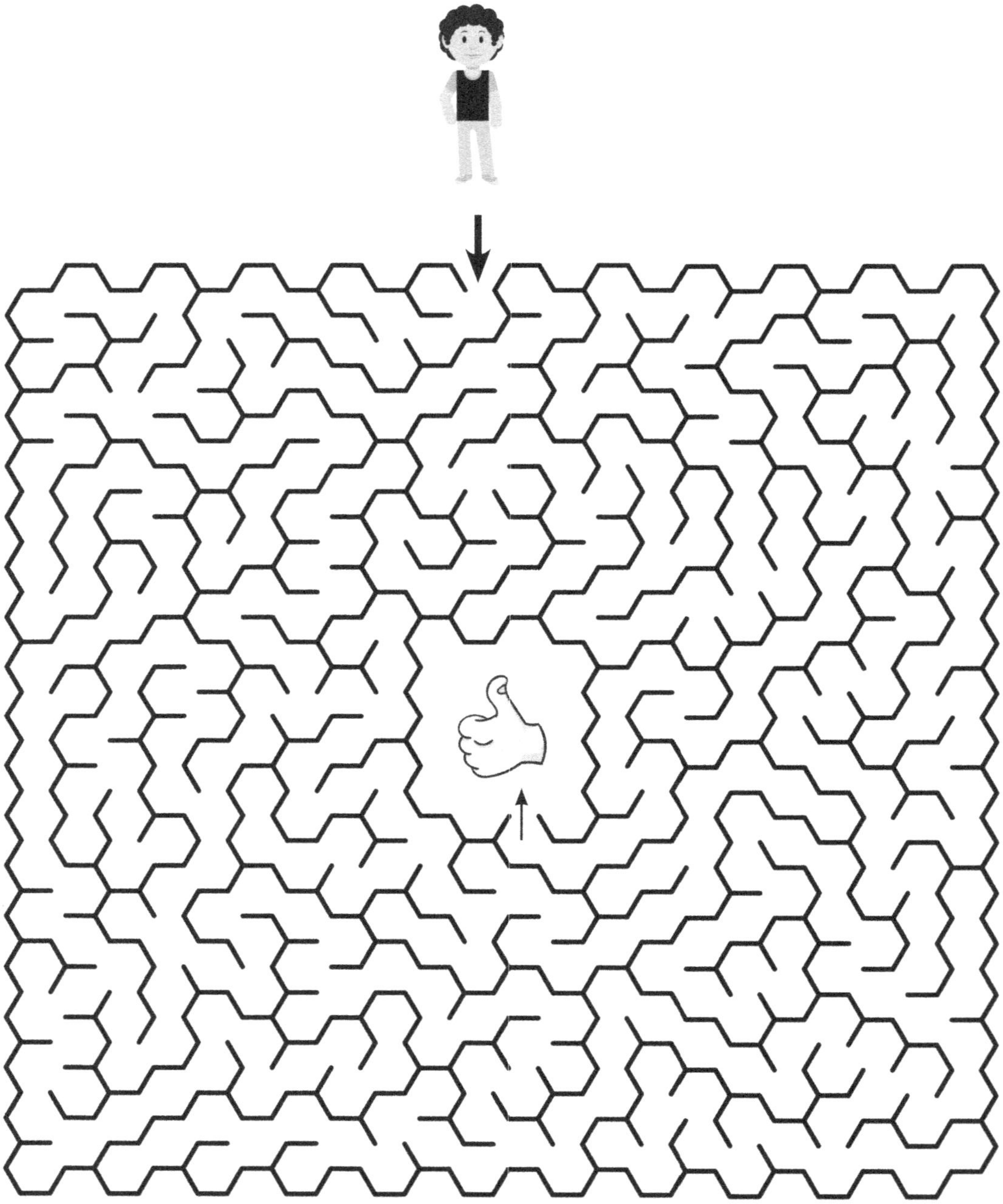

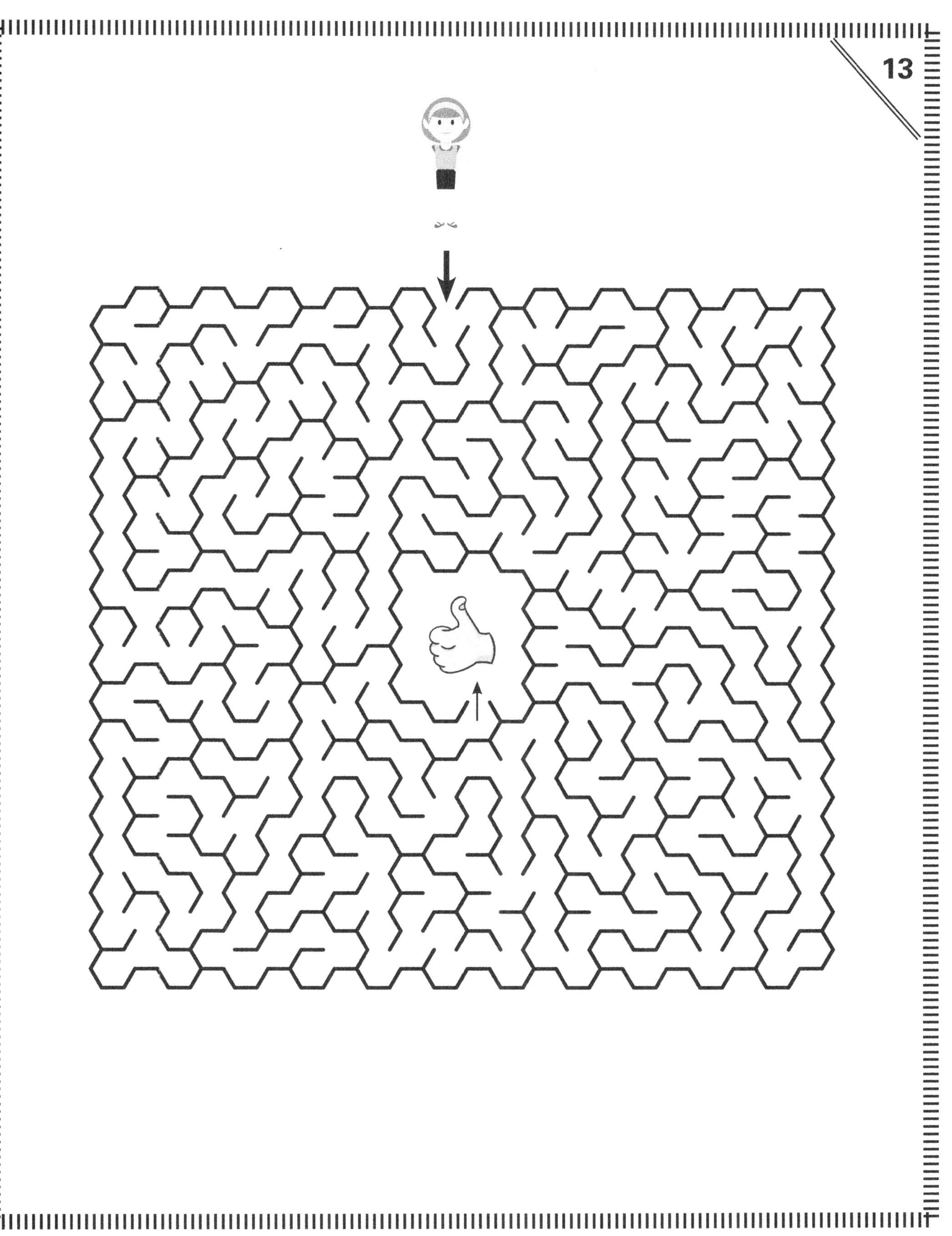

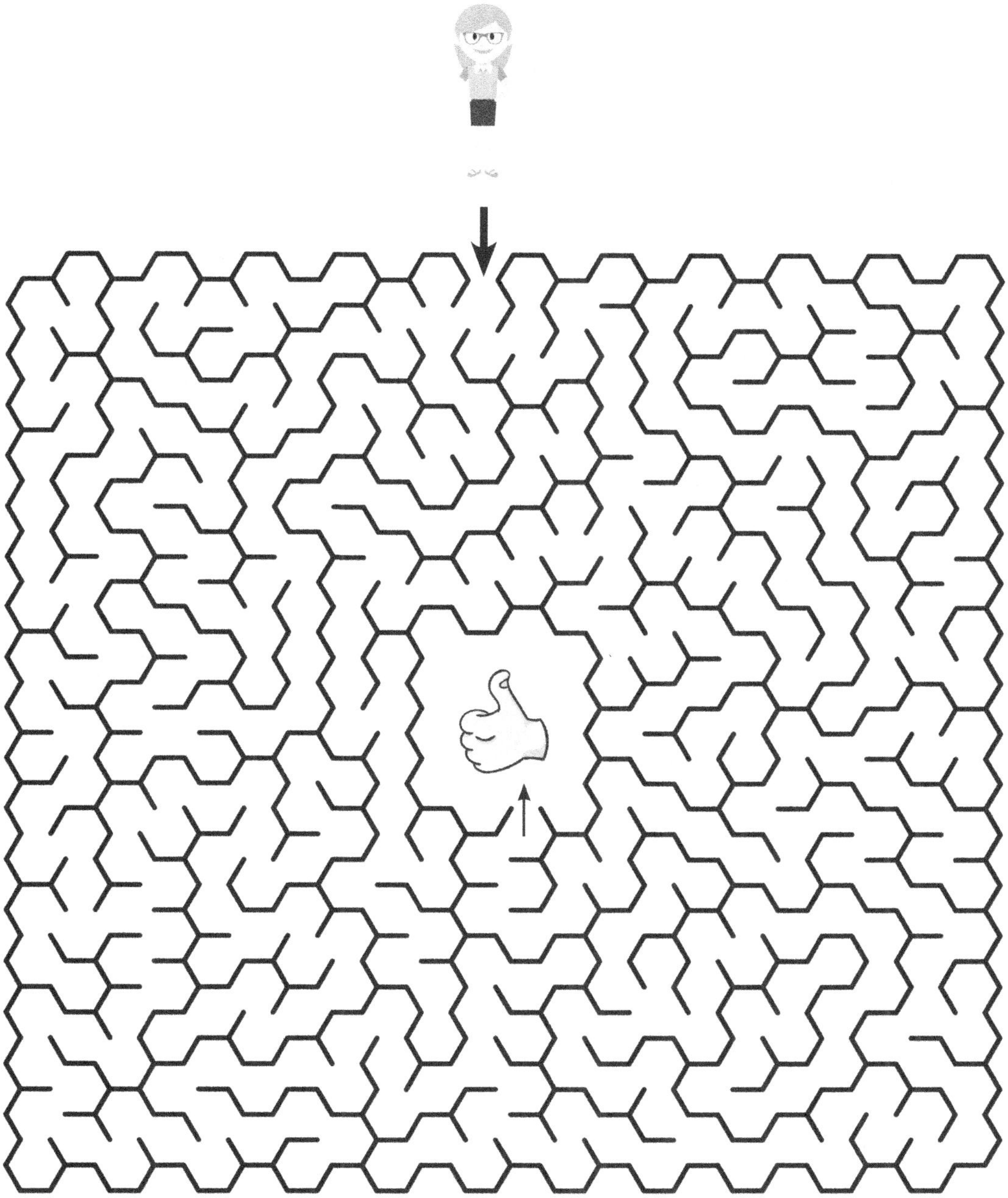

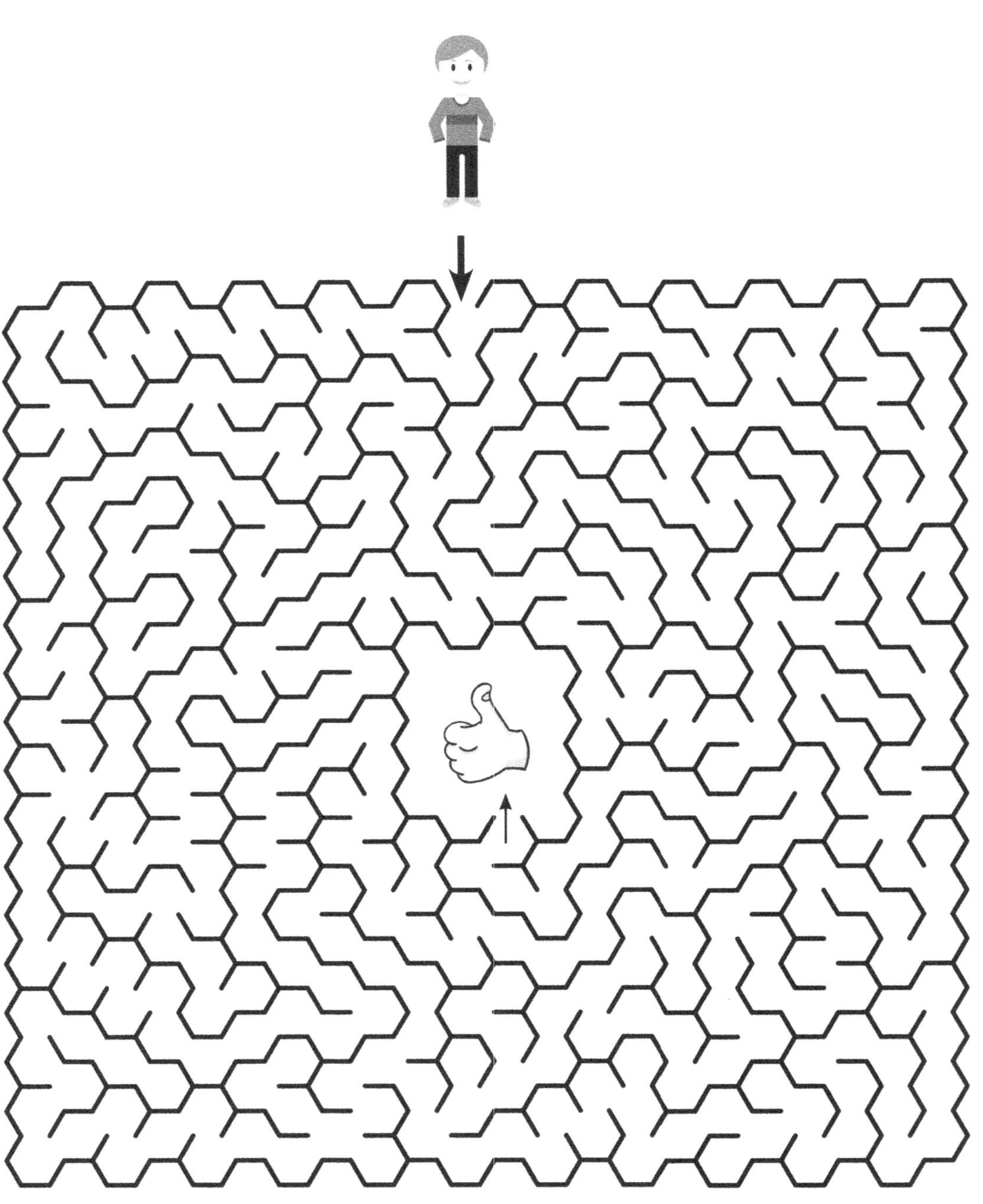

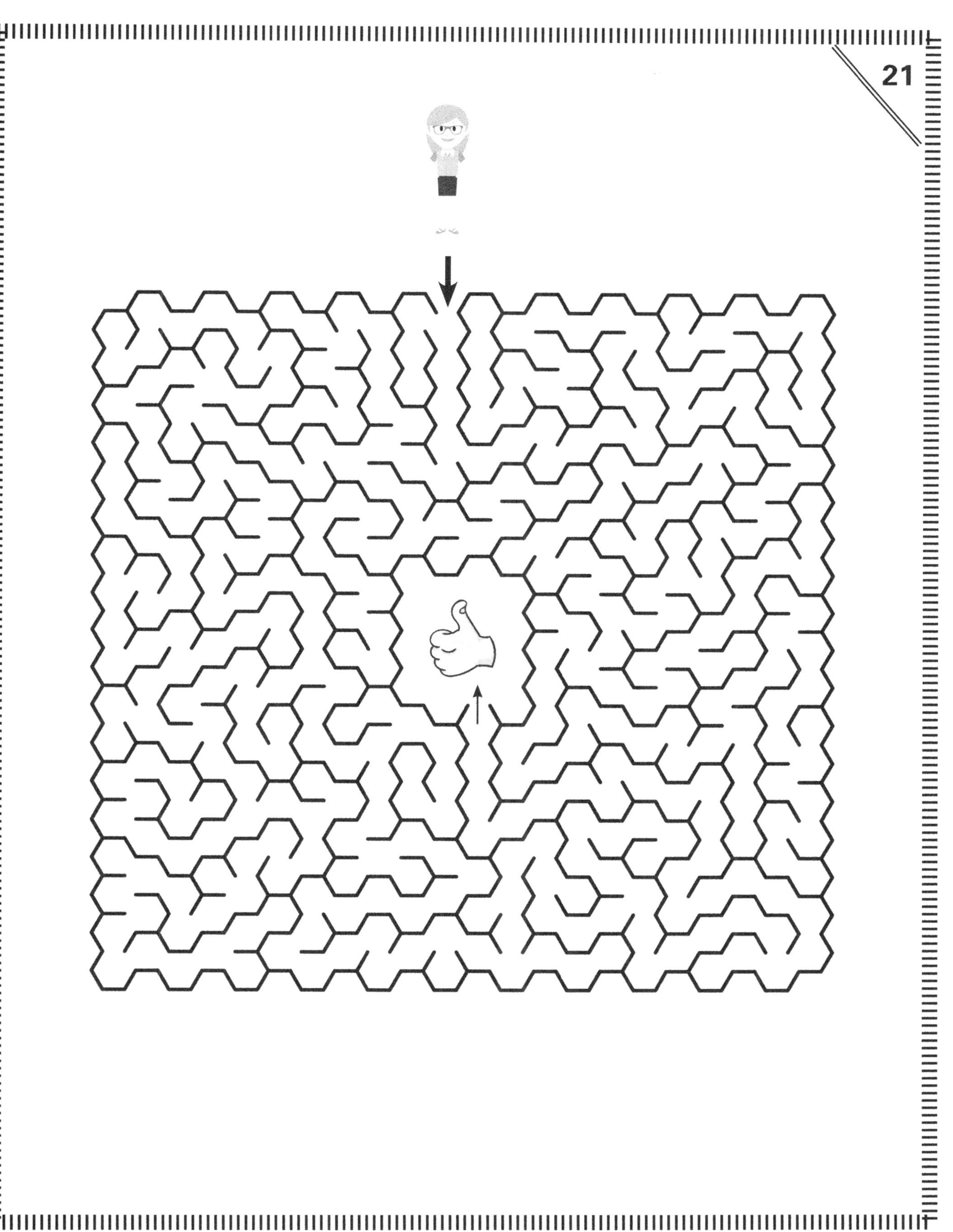

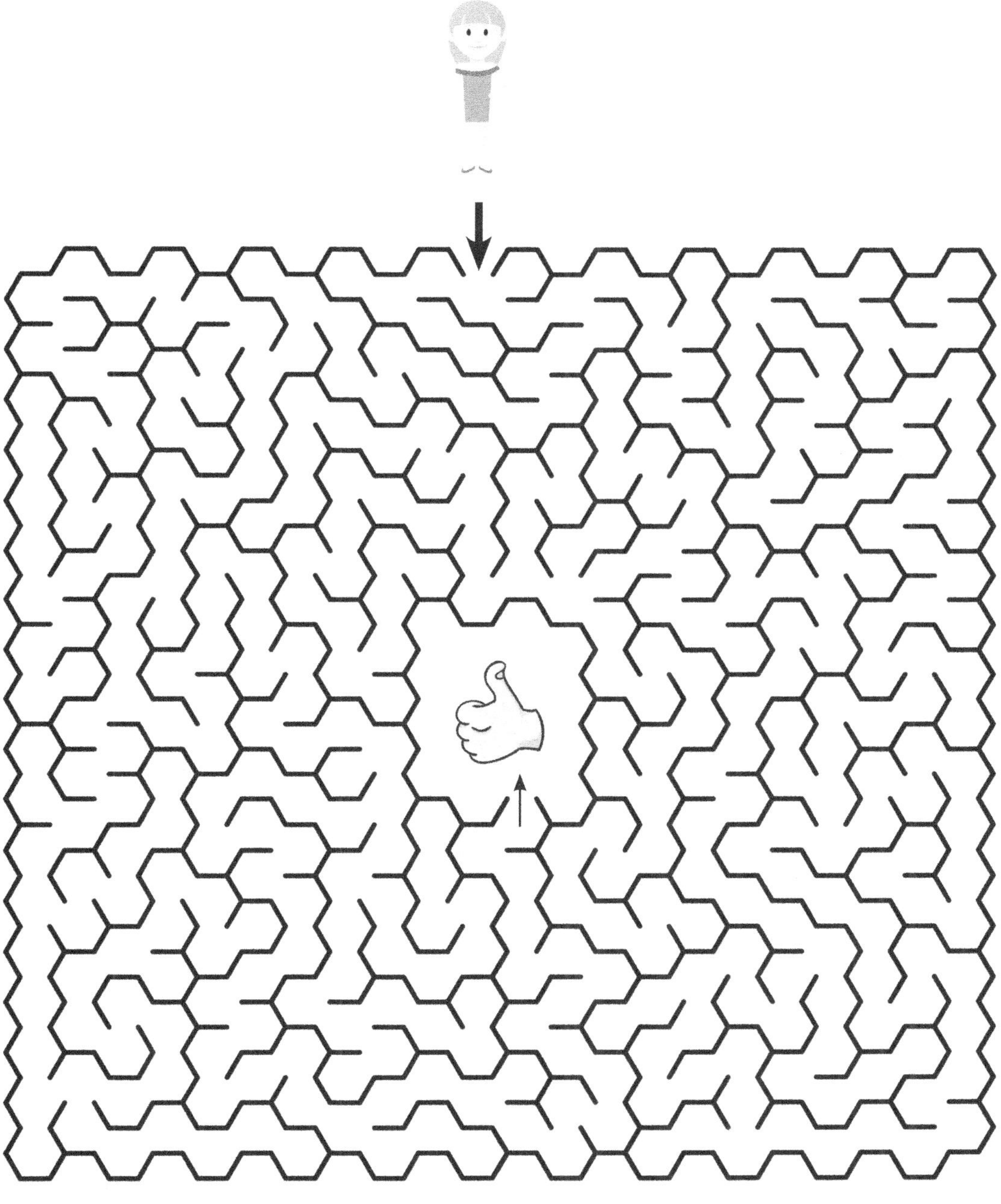

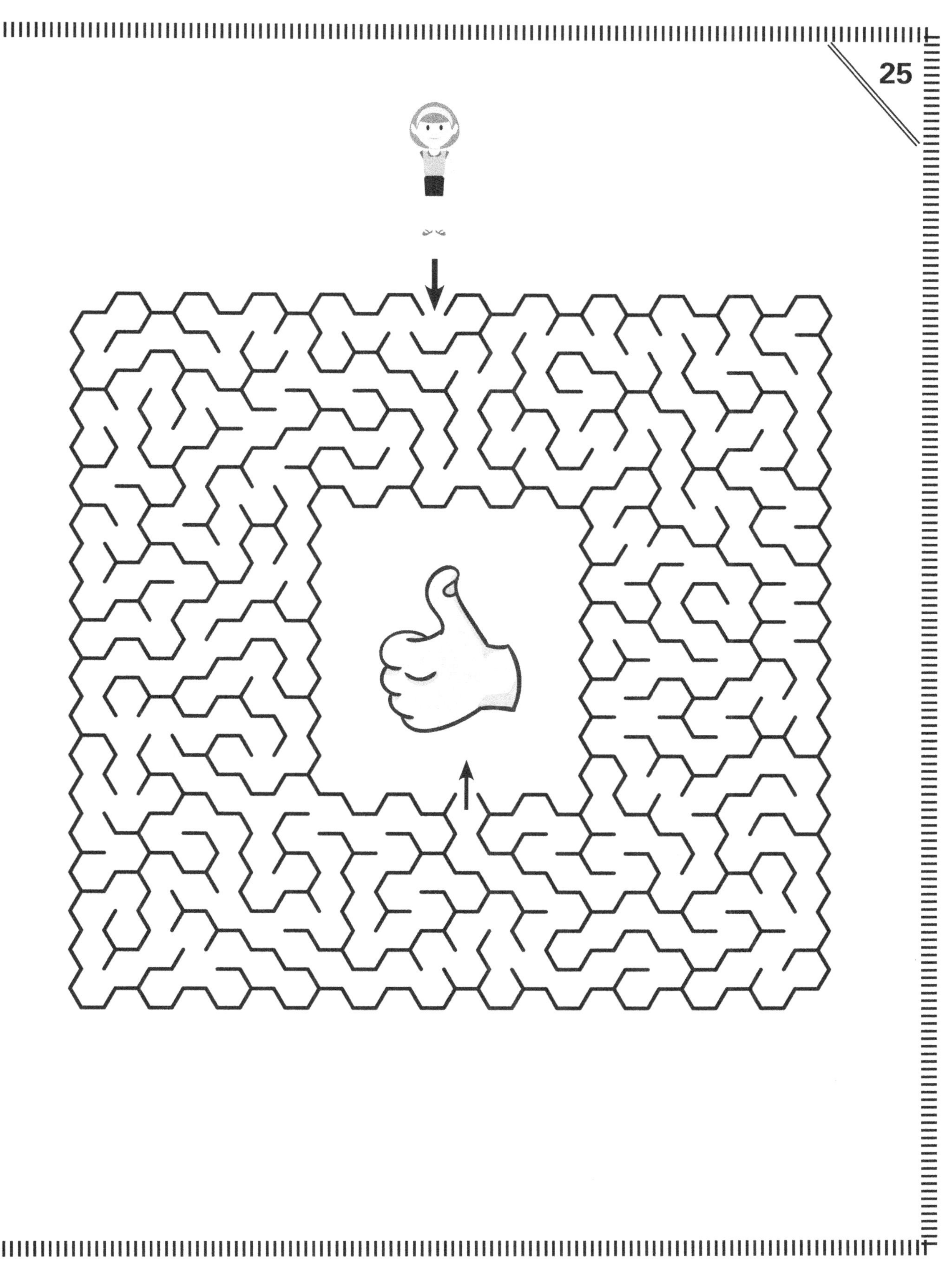

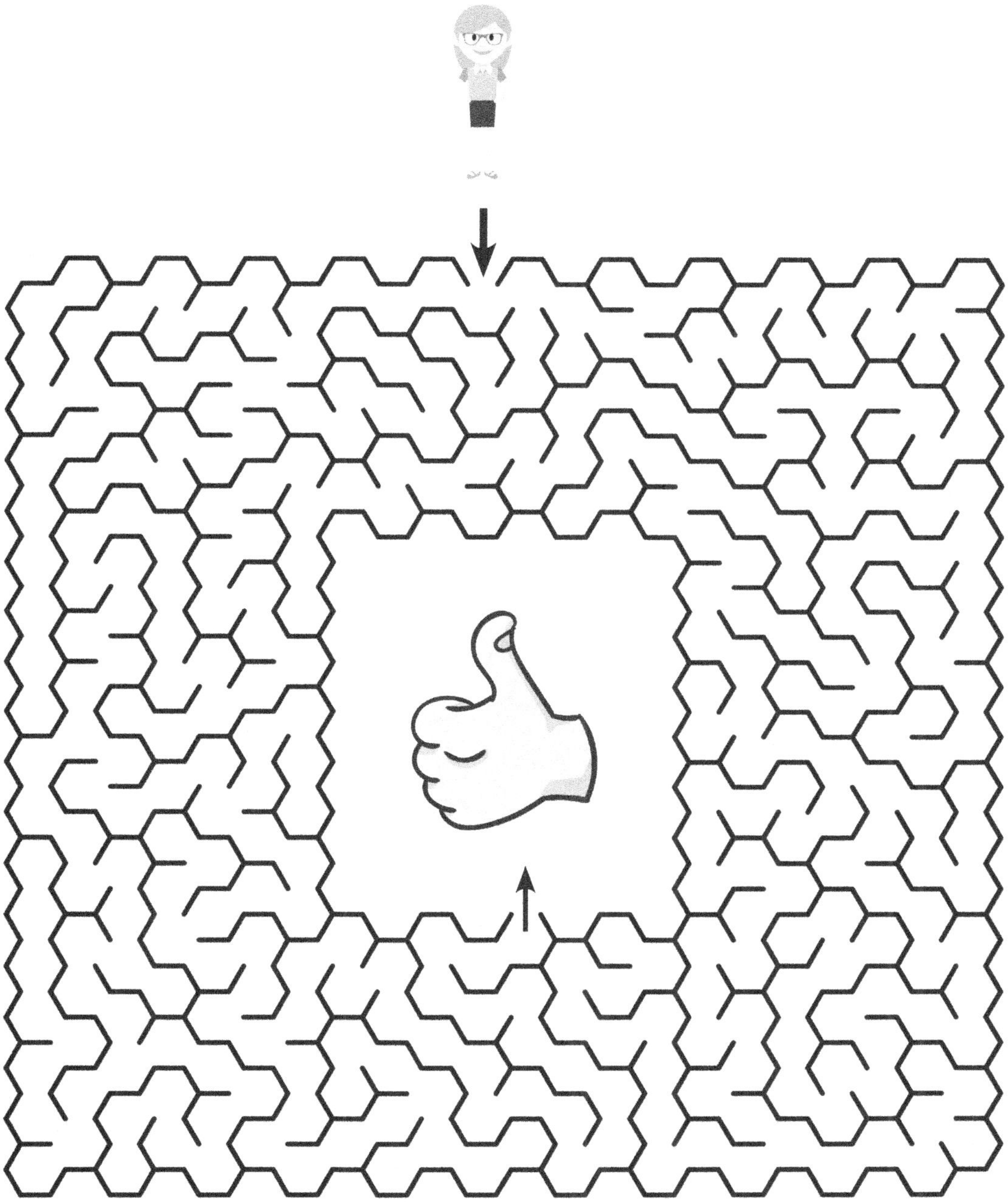

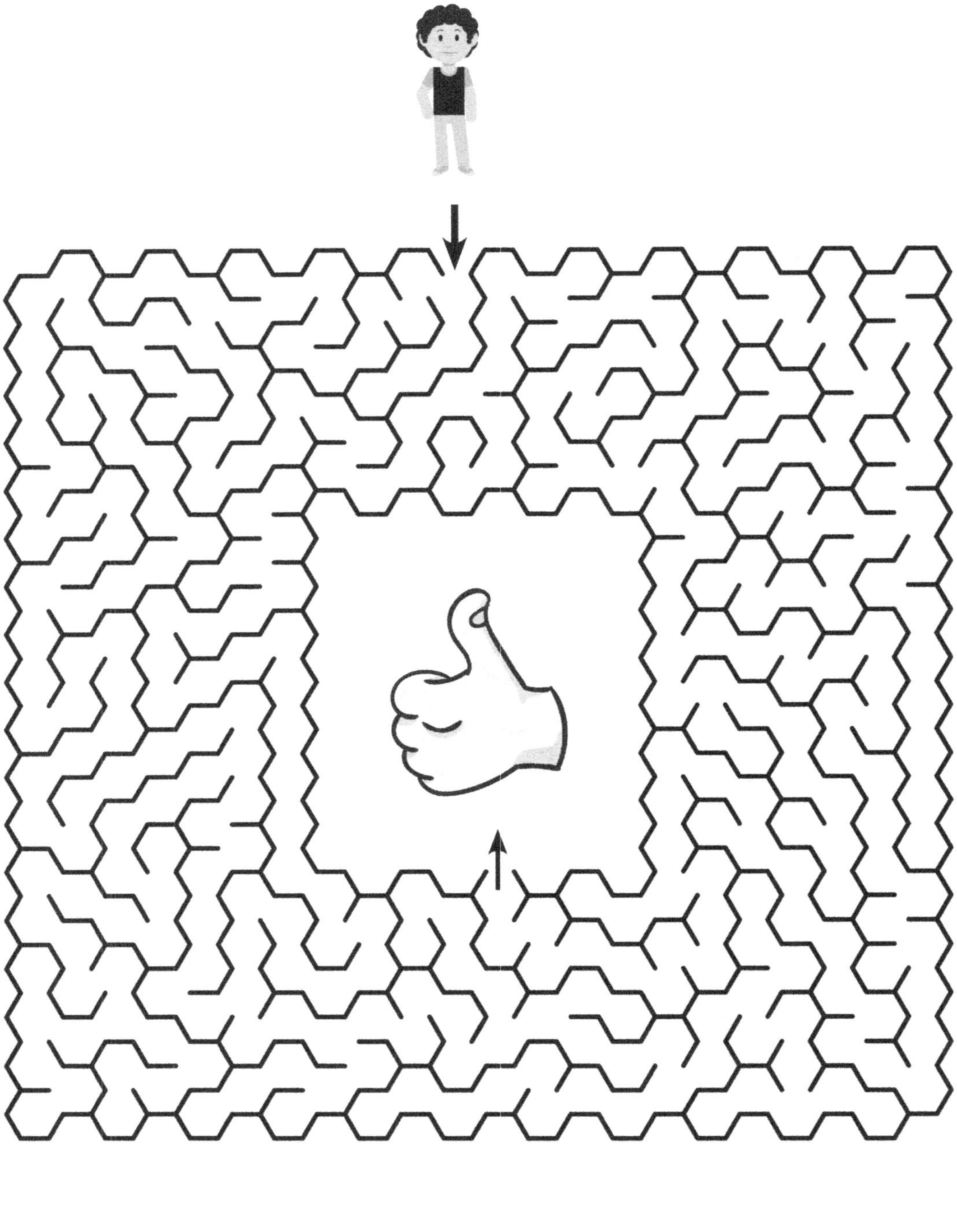

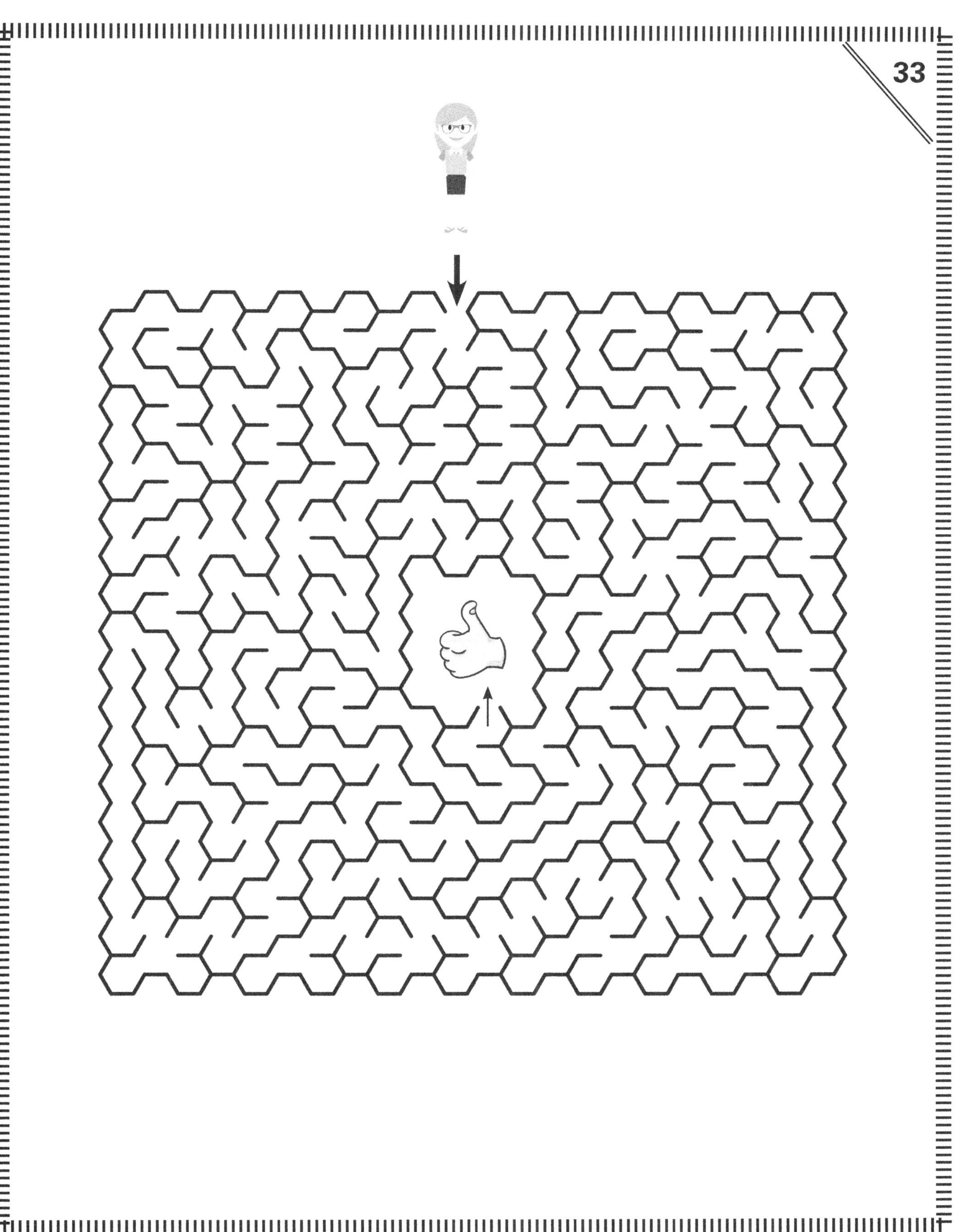

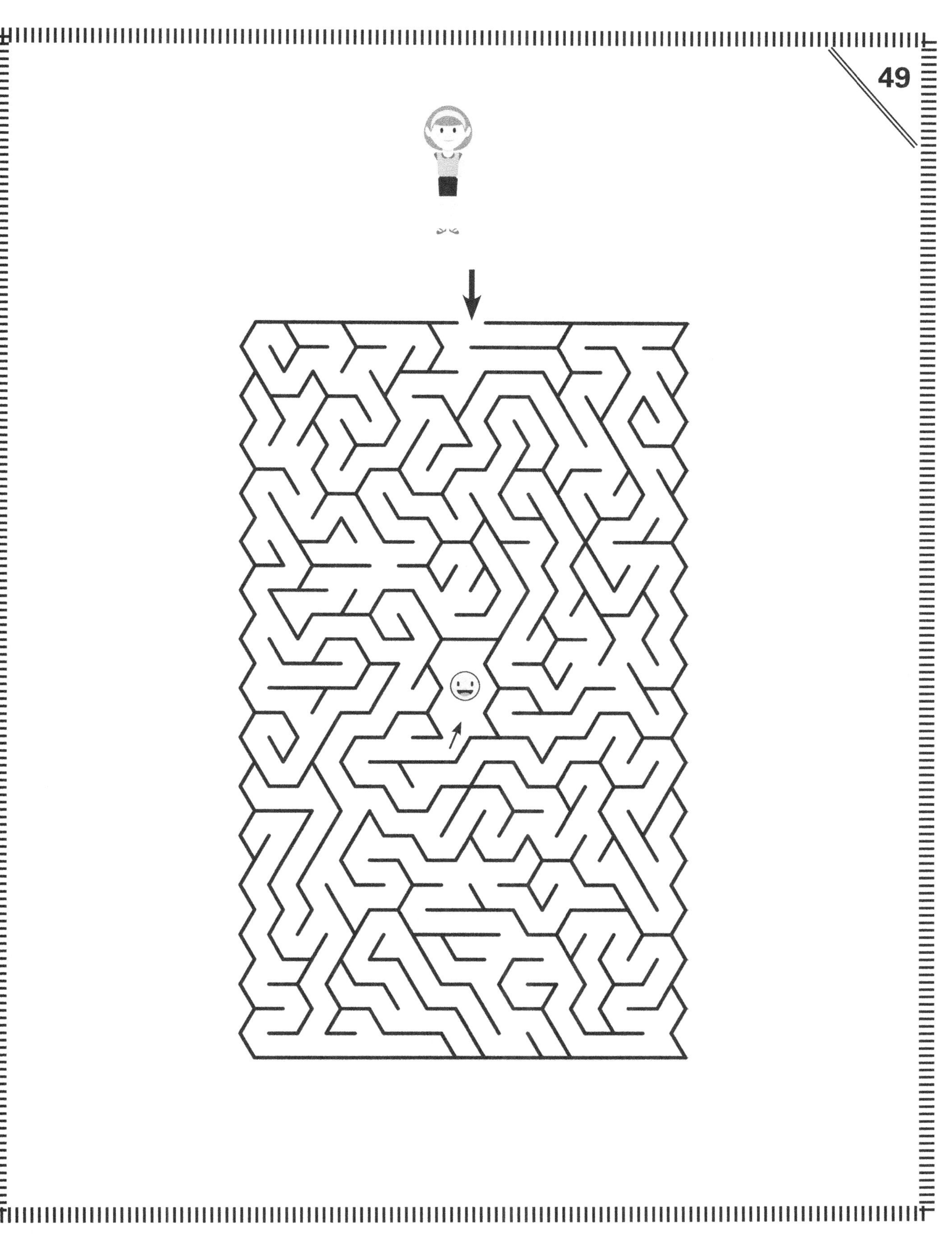

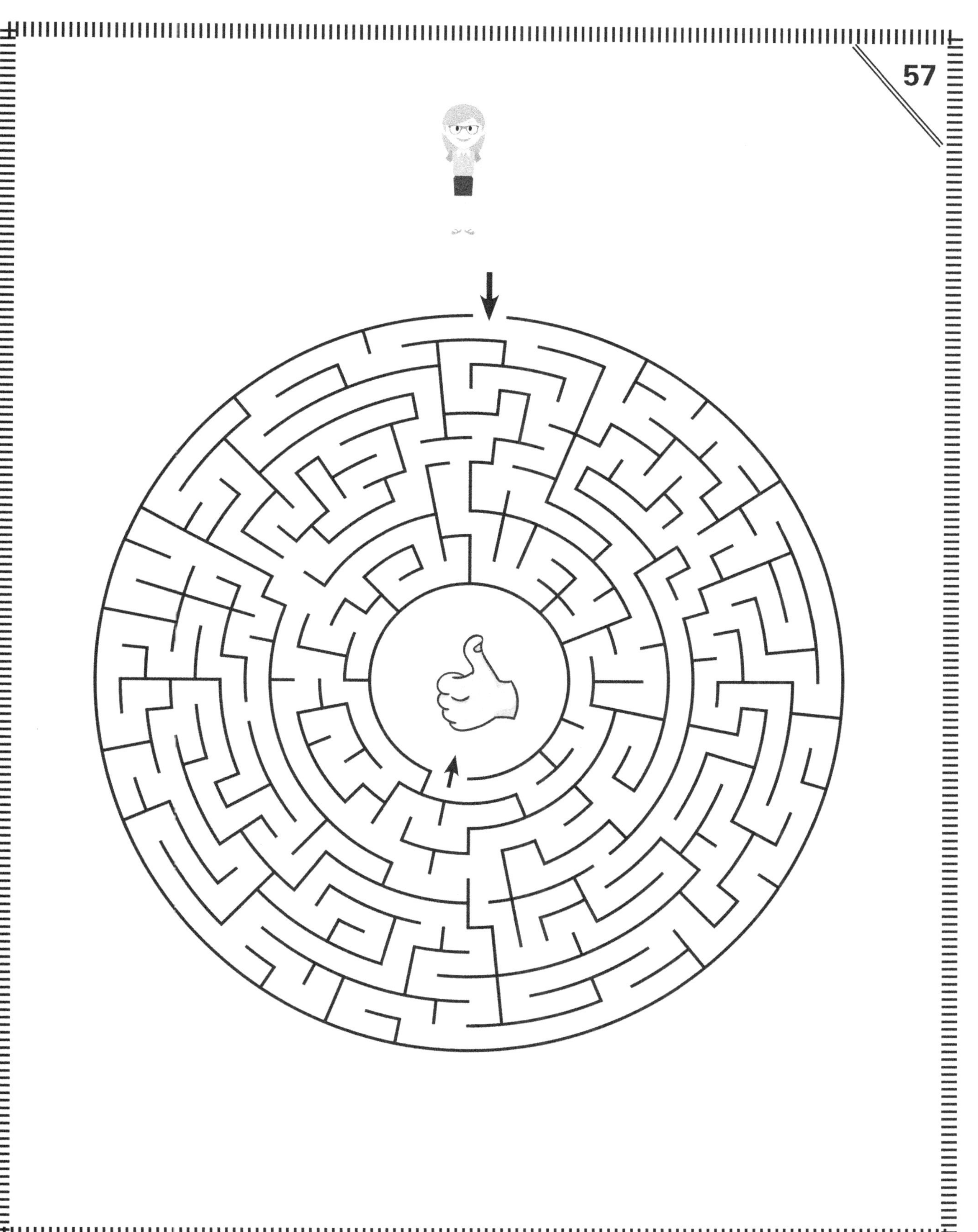

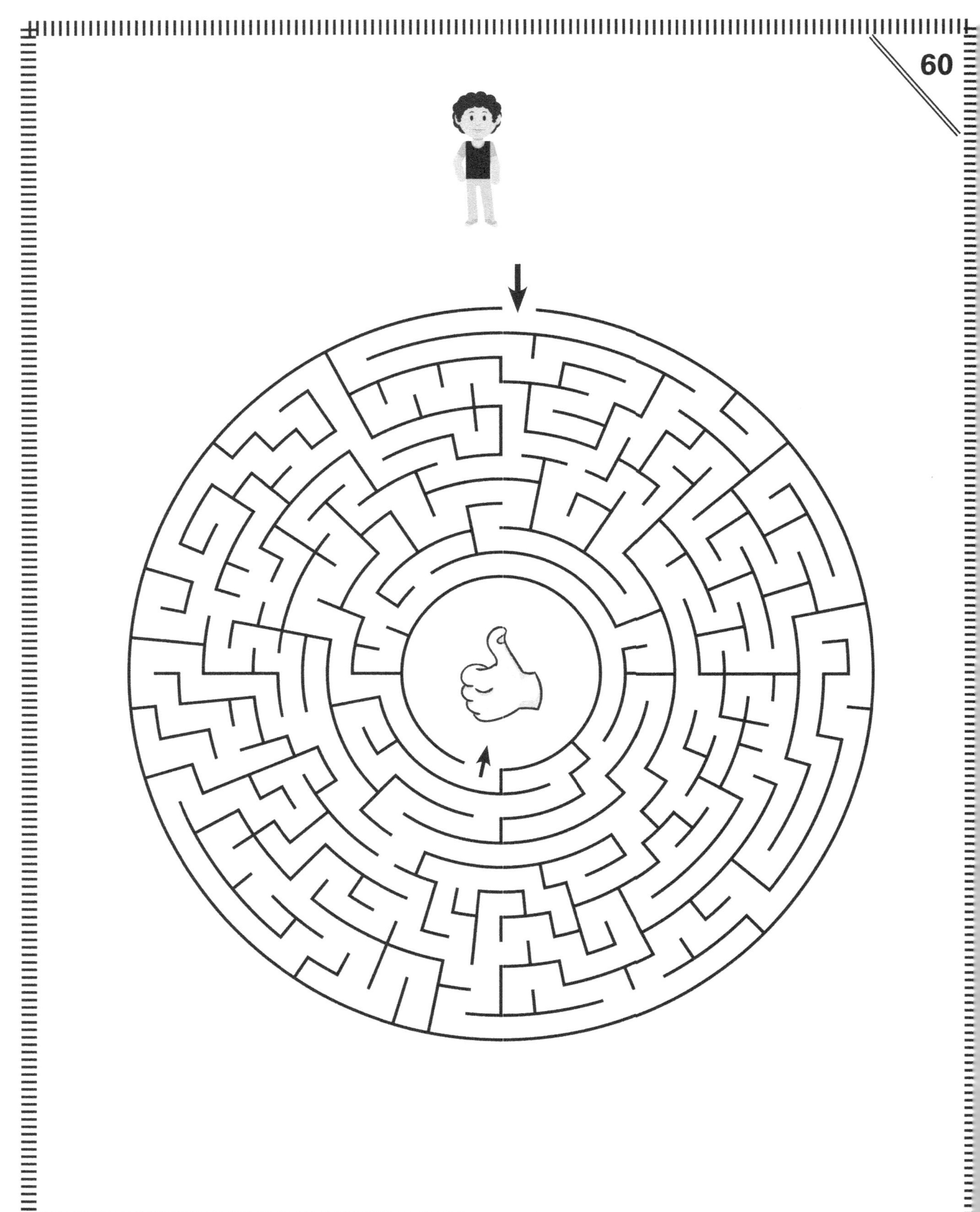

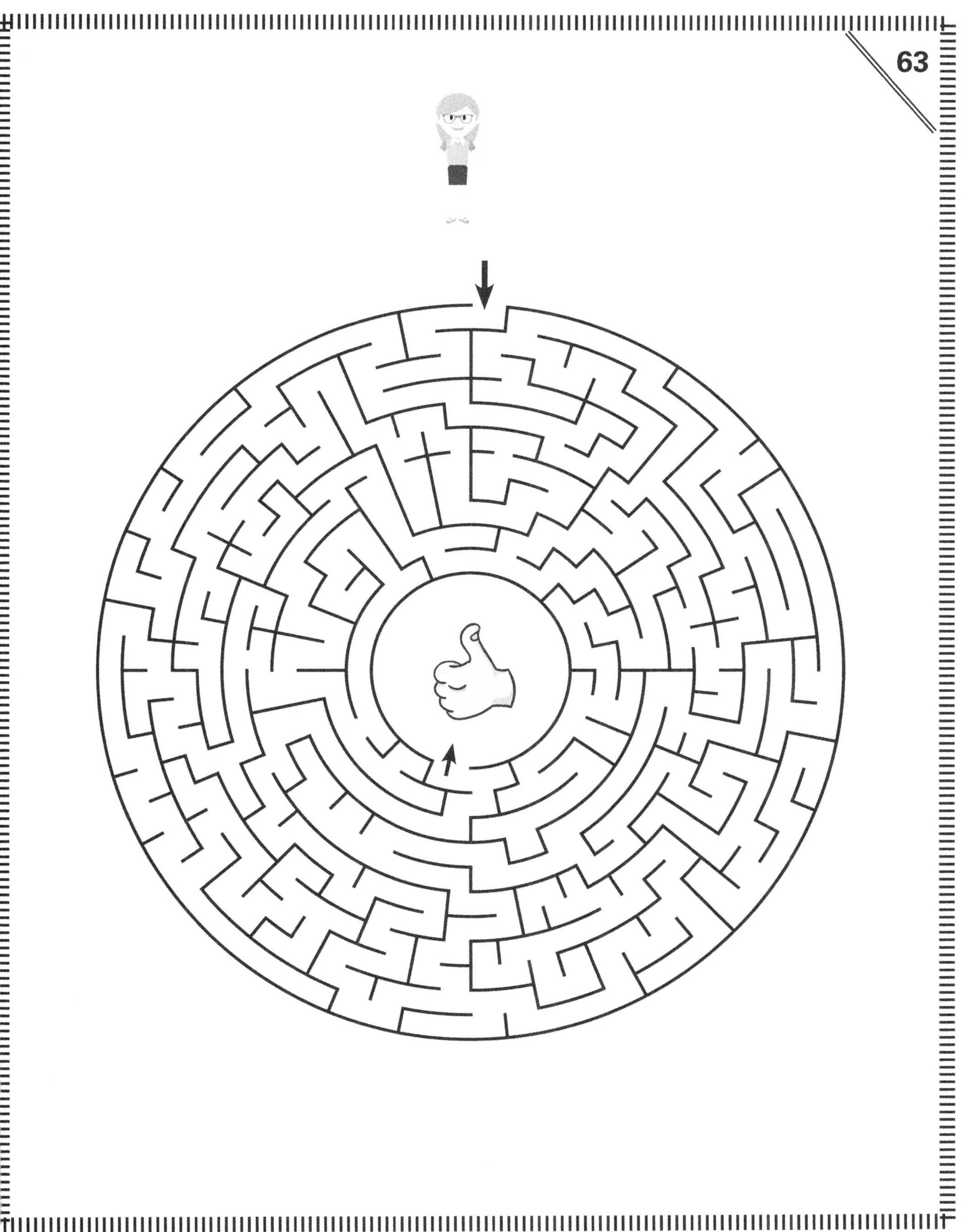

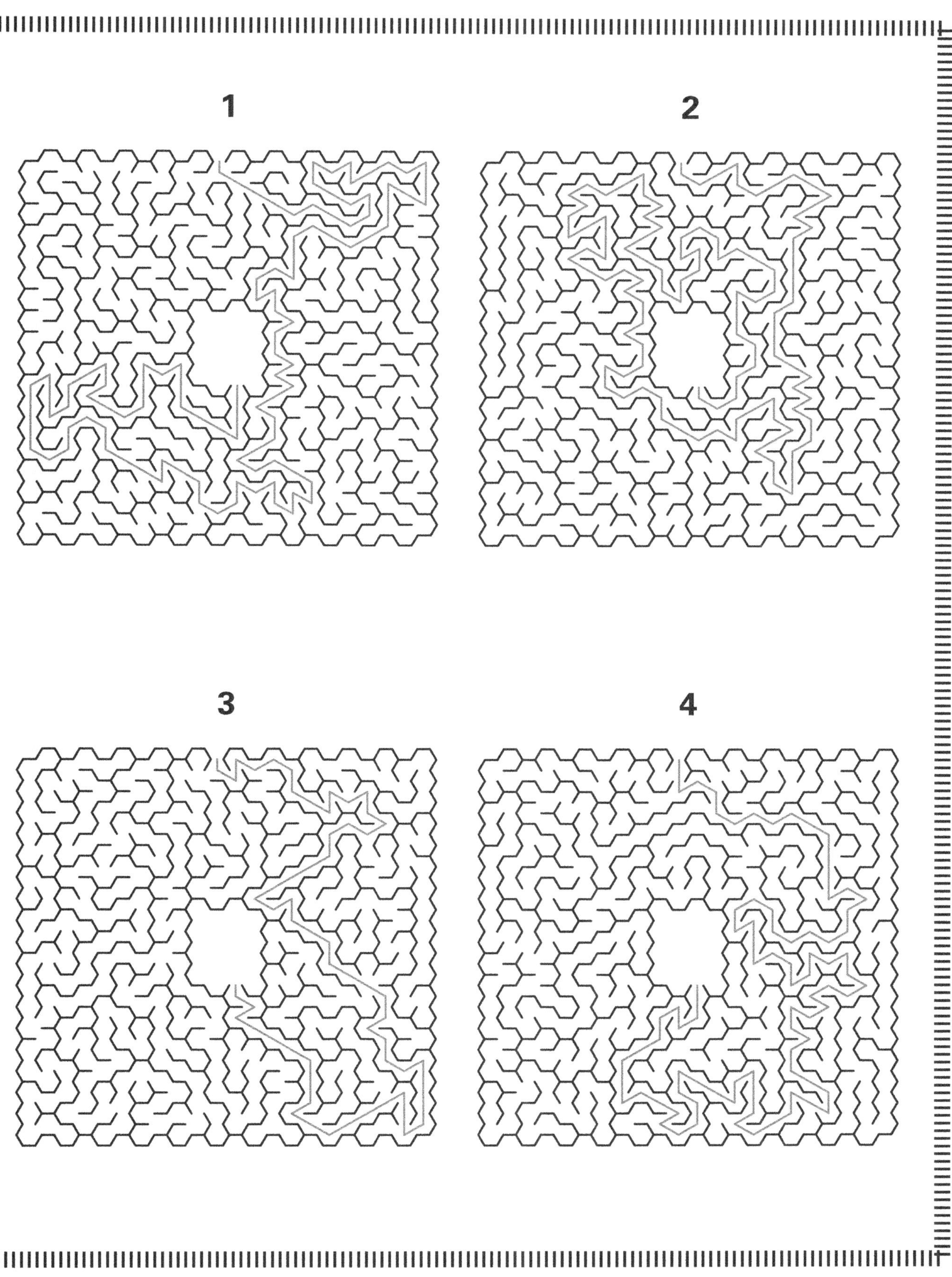


1
2
3
4

5

6

7

8

9

10

11

12

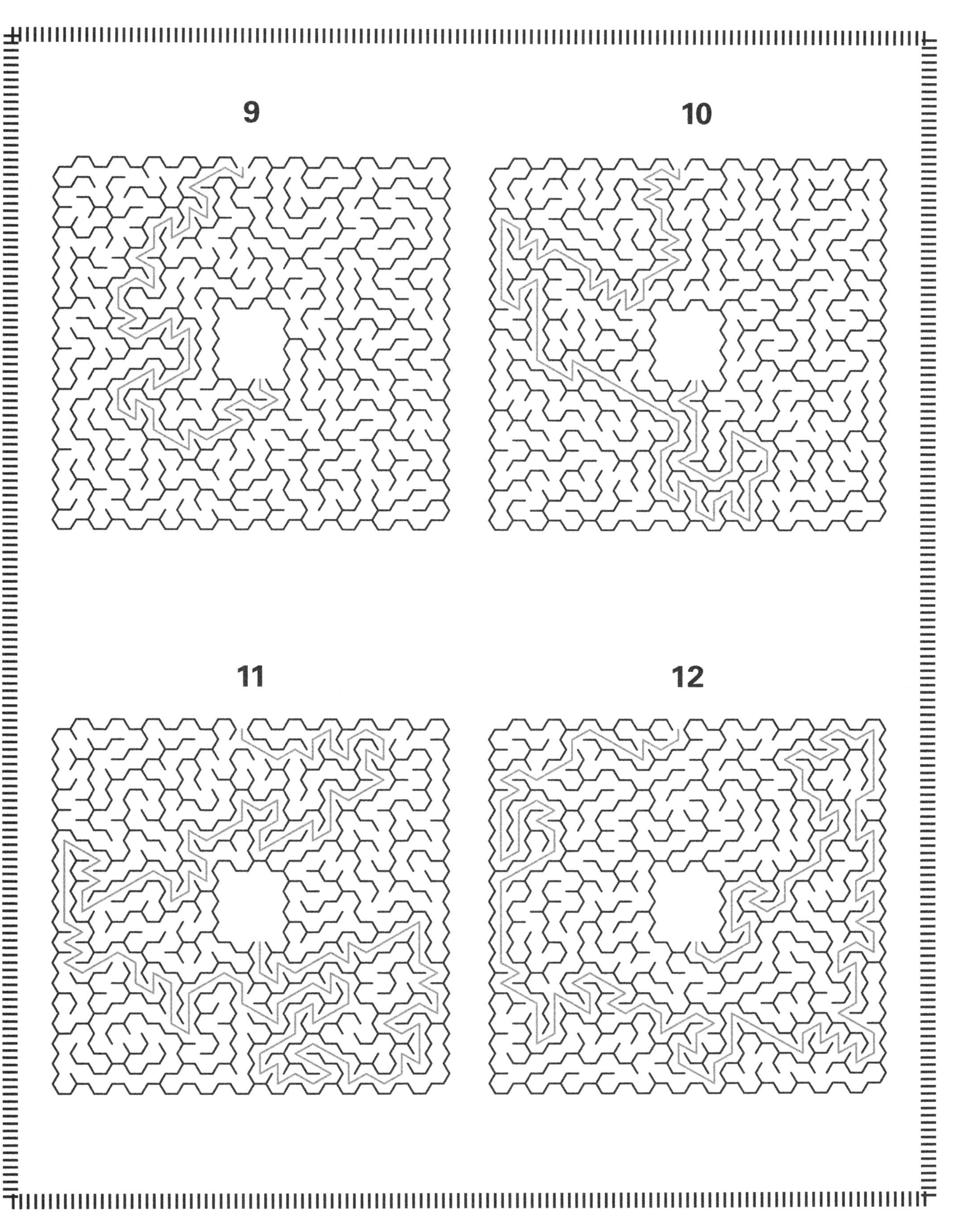

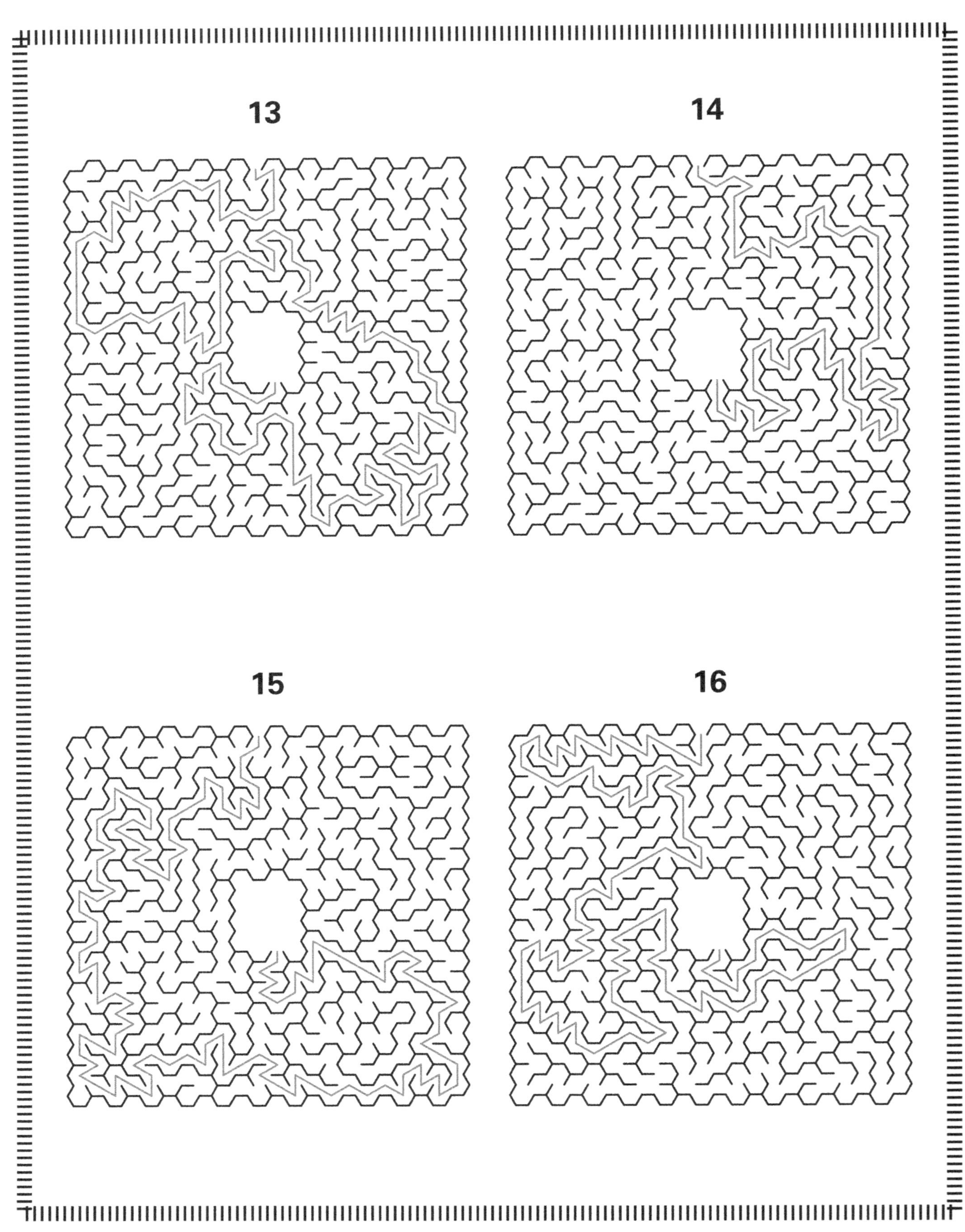

**13**

**14**

**15**

**16**

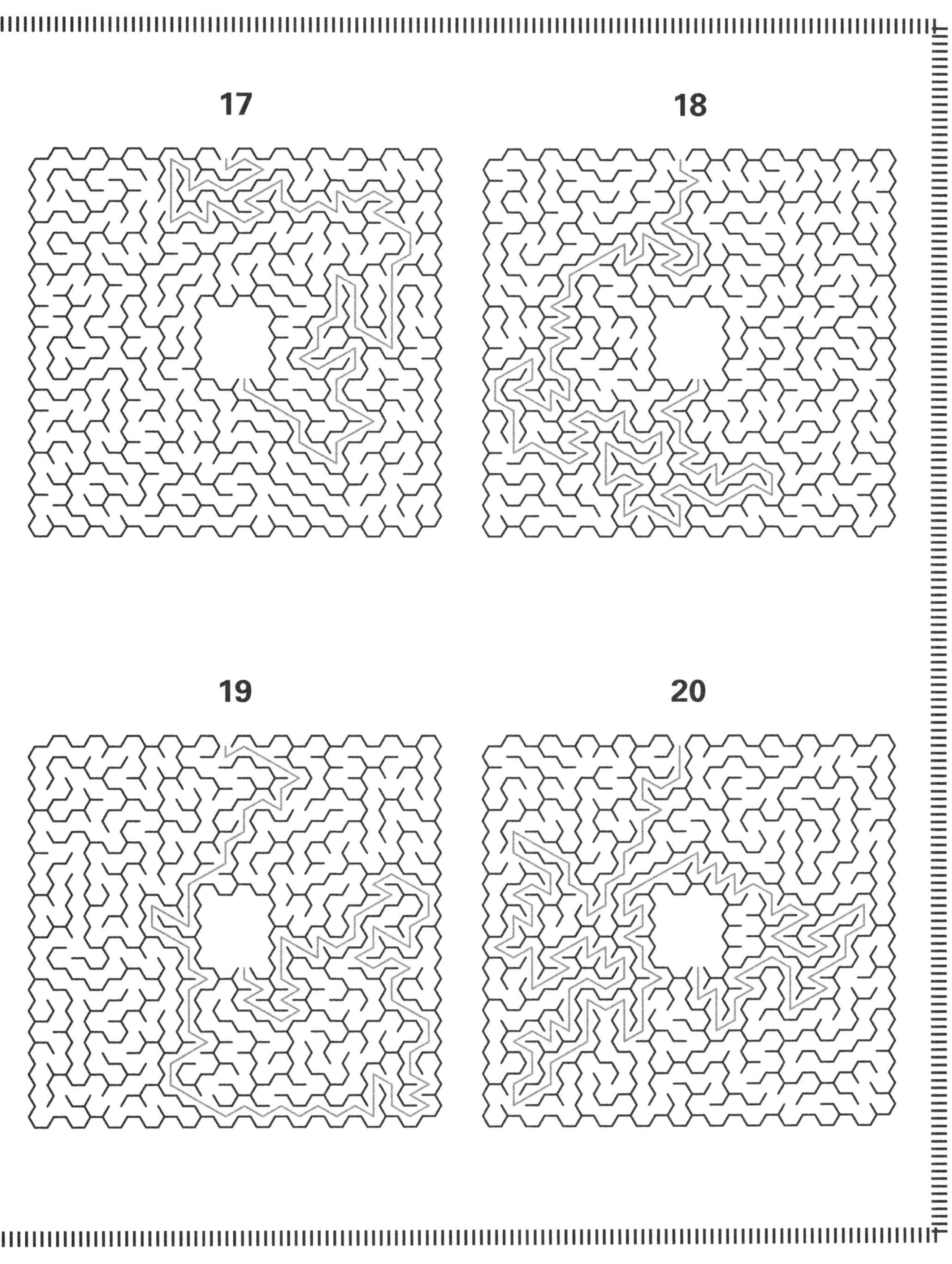

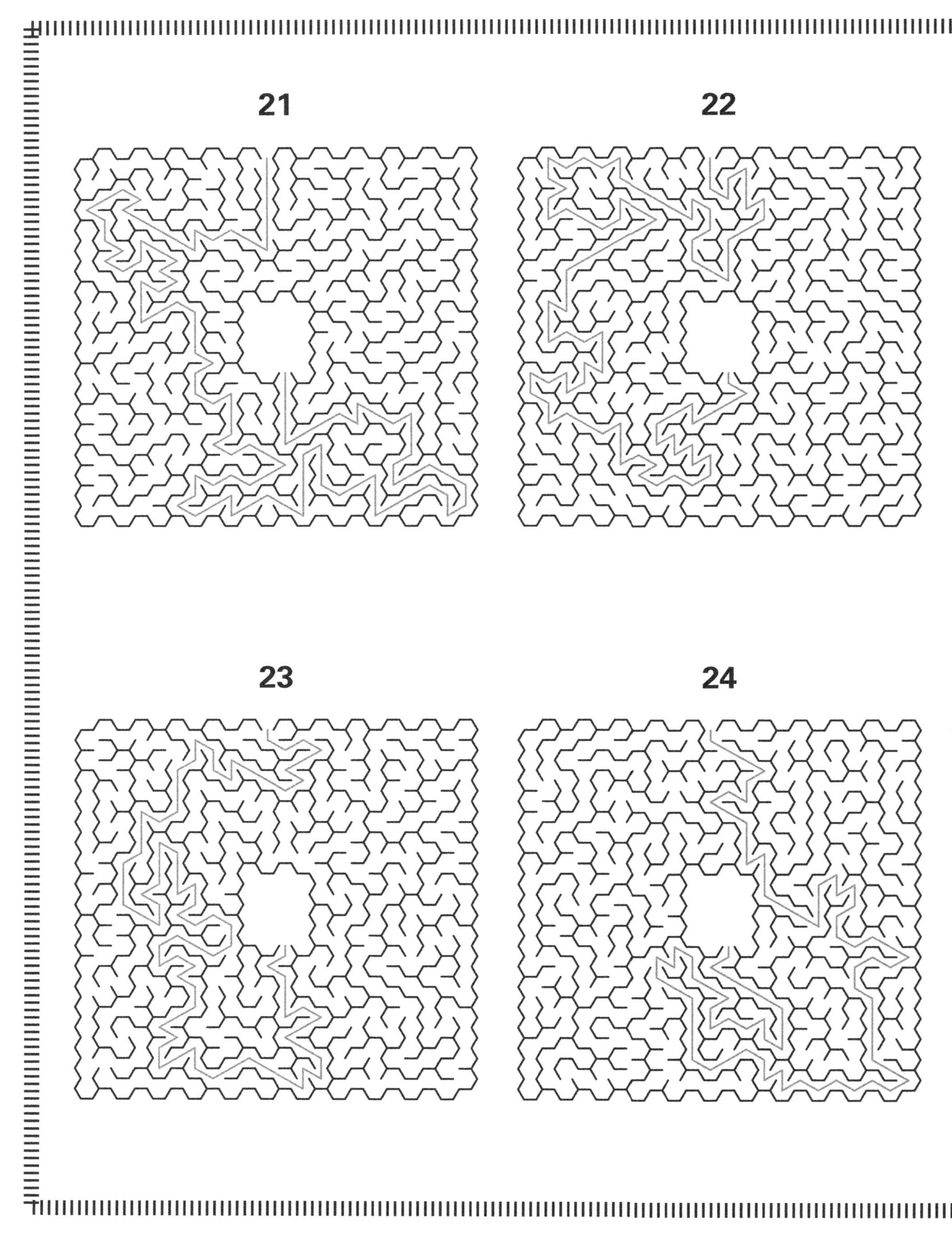

**21**

**22**

**23**

**24**

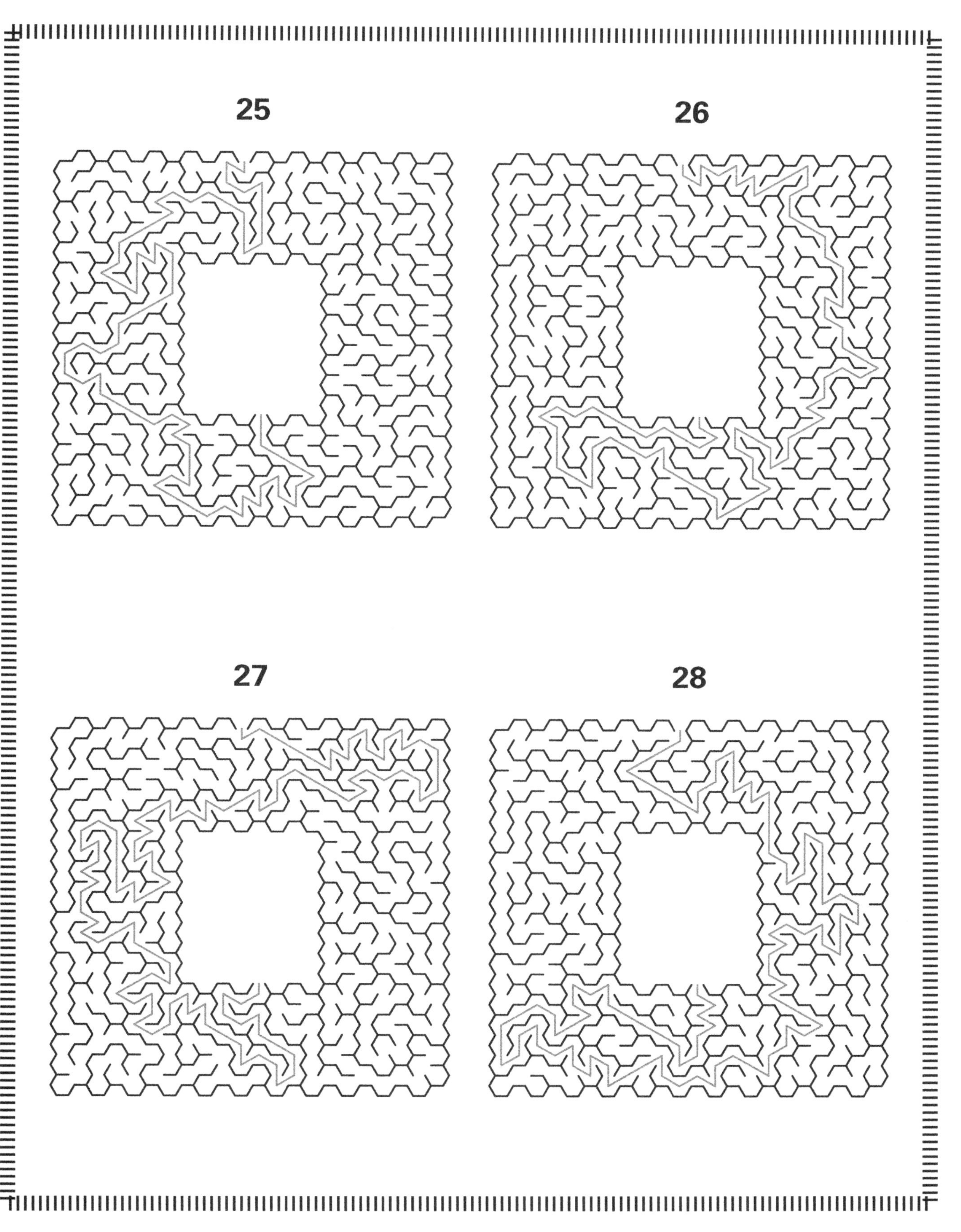
25
26
27
28

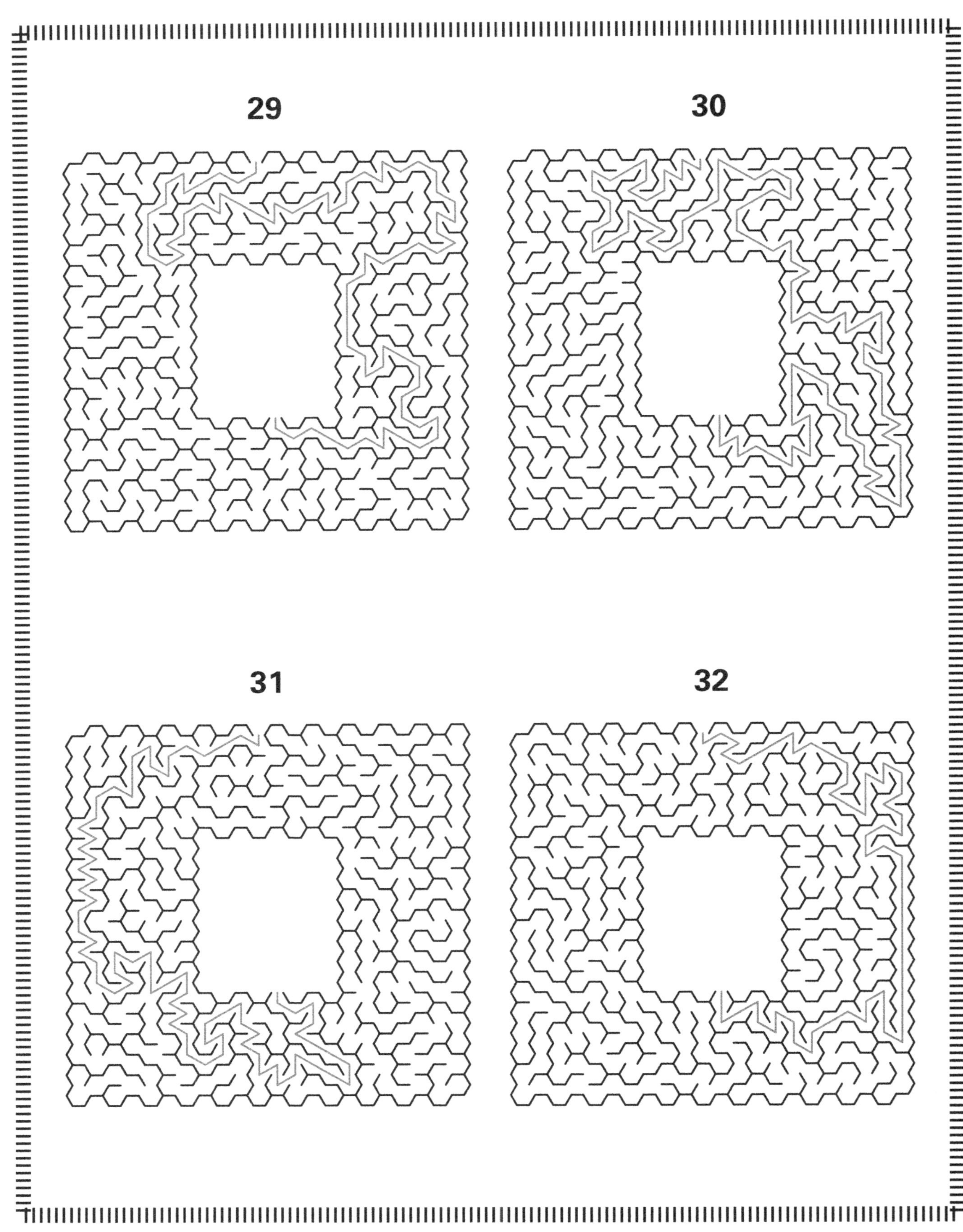

29
30
31
32

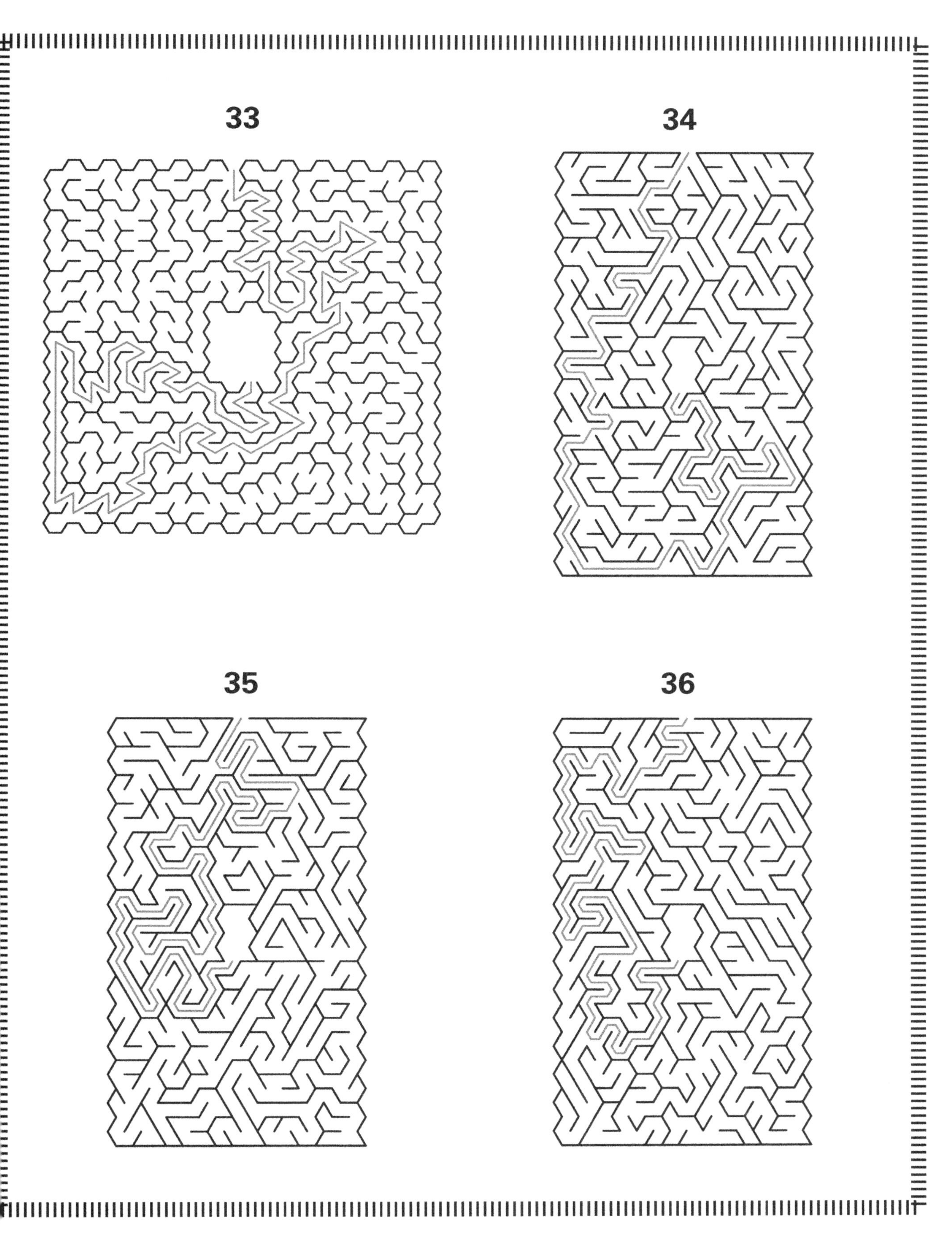


33
34
35
36

# 37

# 38

# 39

# 40

**41**

**42**

**43**

**44**

45

46

47

48

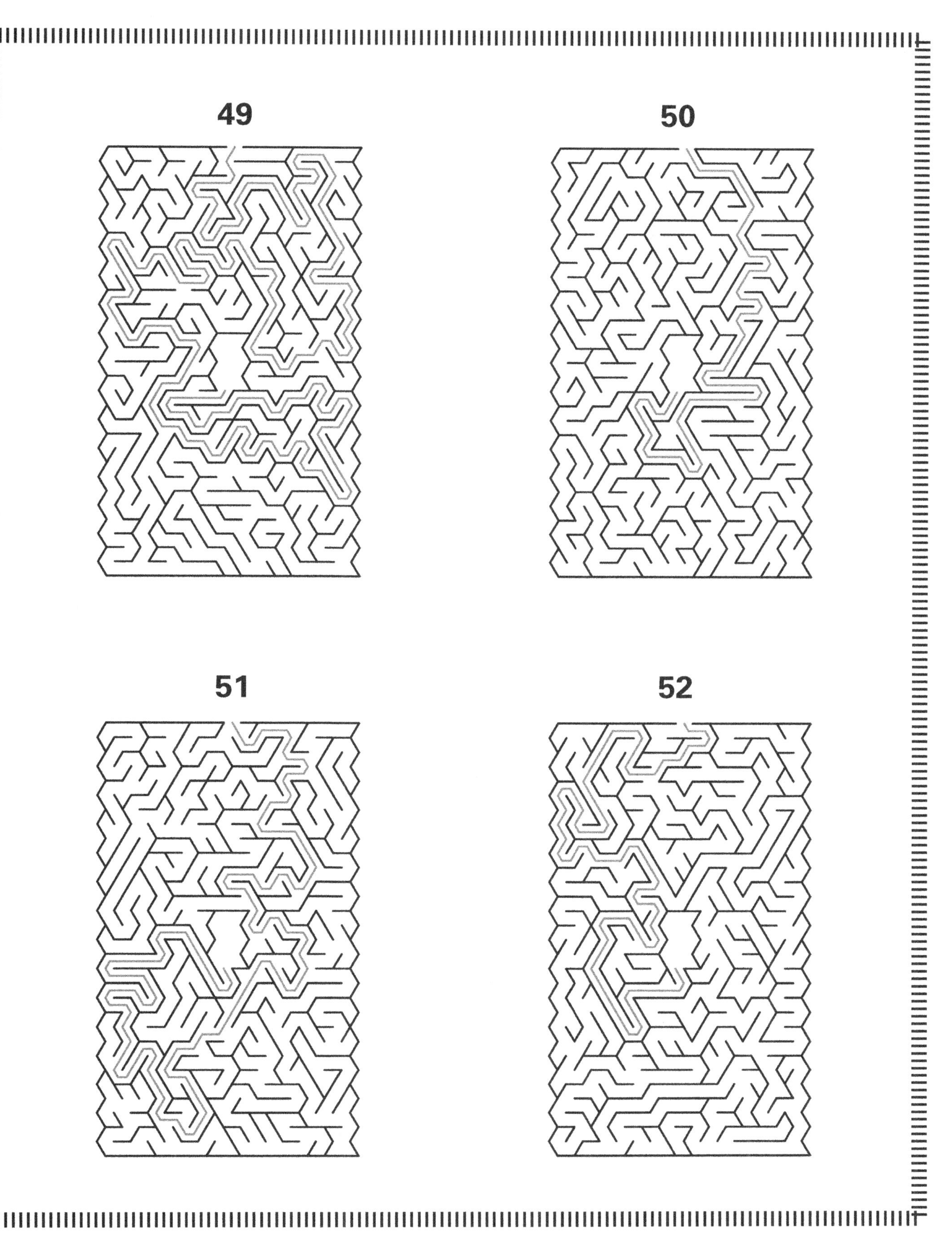


49
50
51
52

**53**

**54**

**55**

**56**

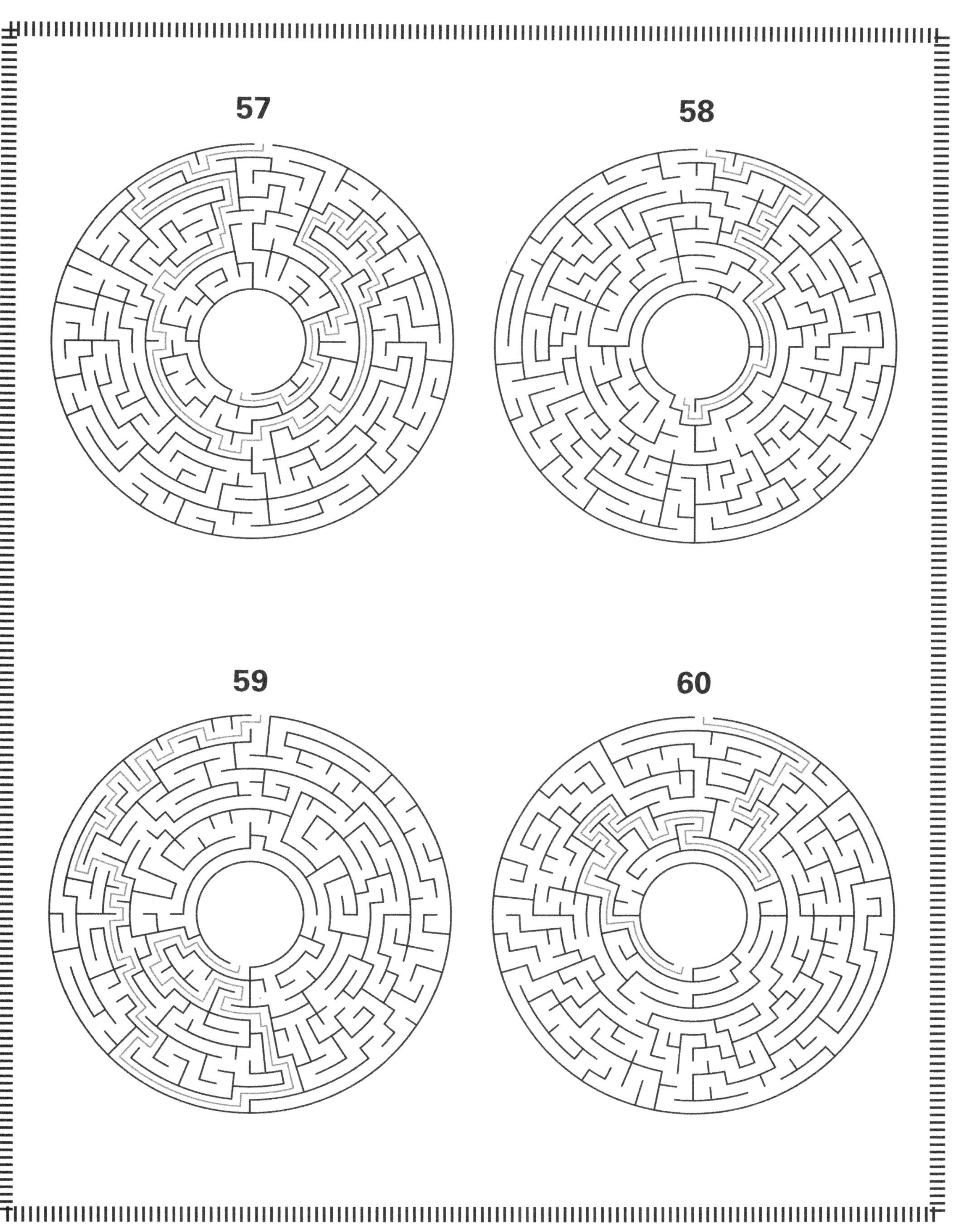

**57**

**58**

**59**

**60**

**61**

**62**

**63**

**64**

# 65

# 66

# 67

# 68

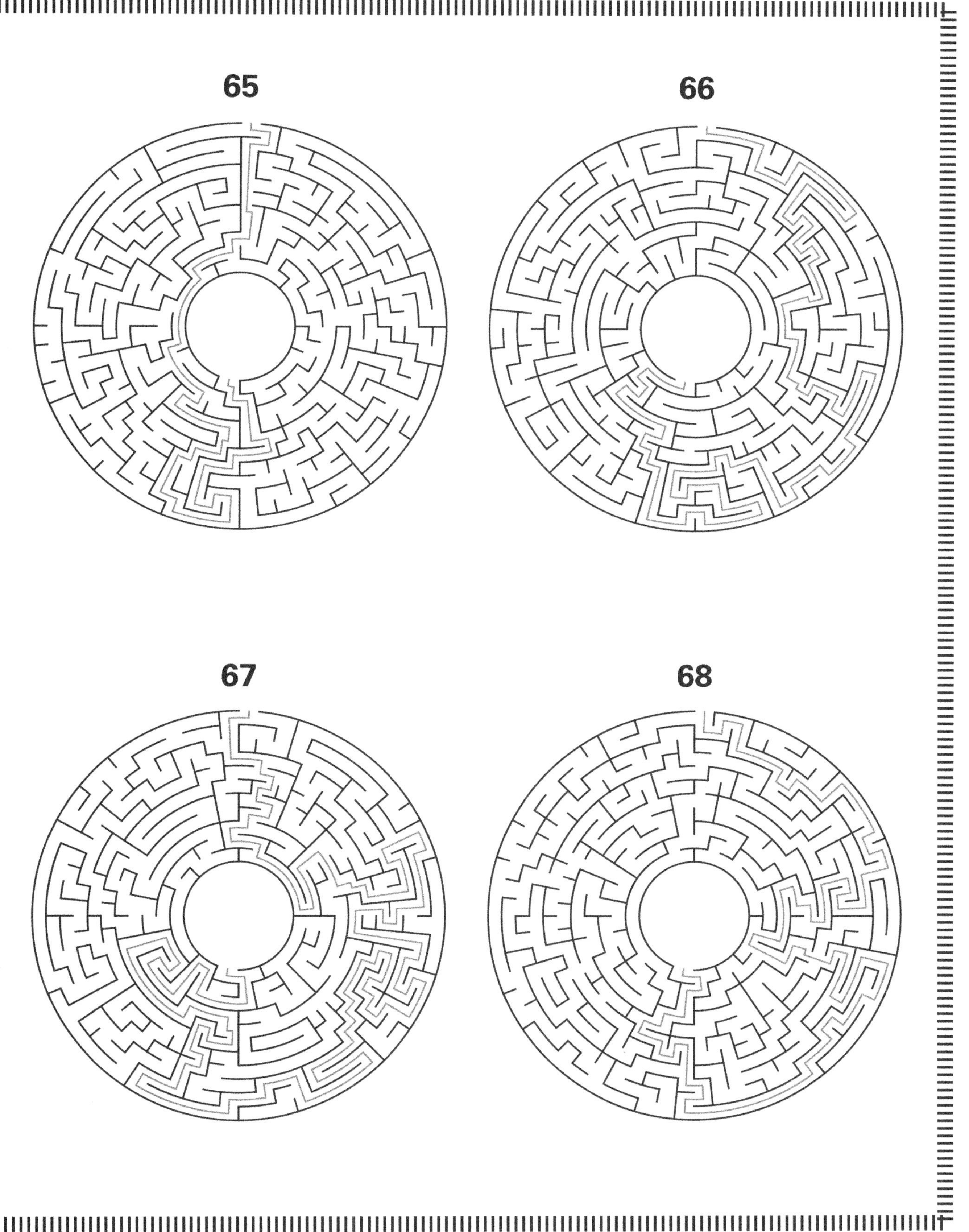

**69**

**70**

**71**

**72**

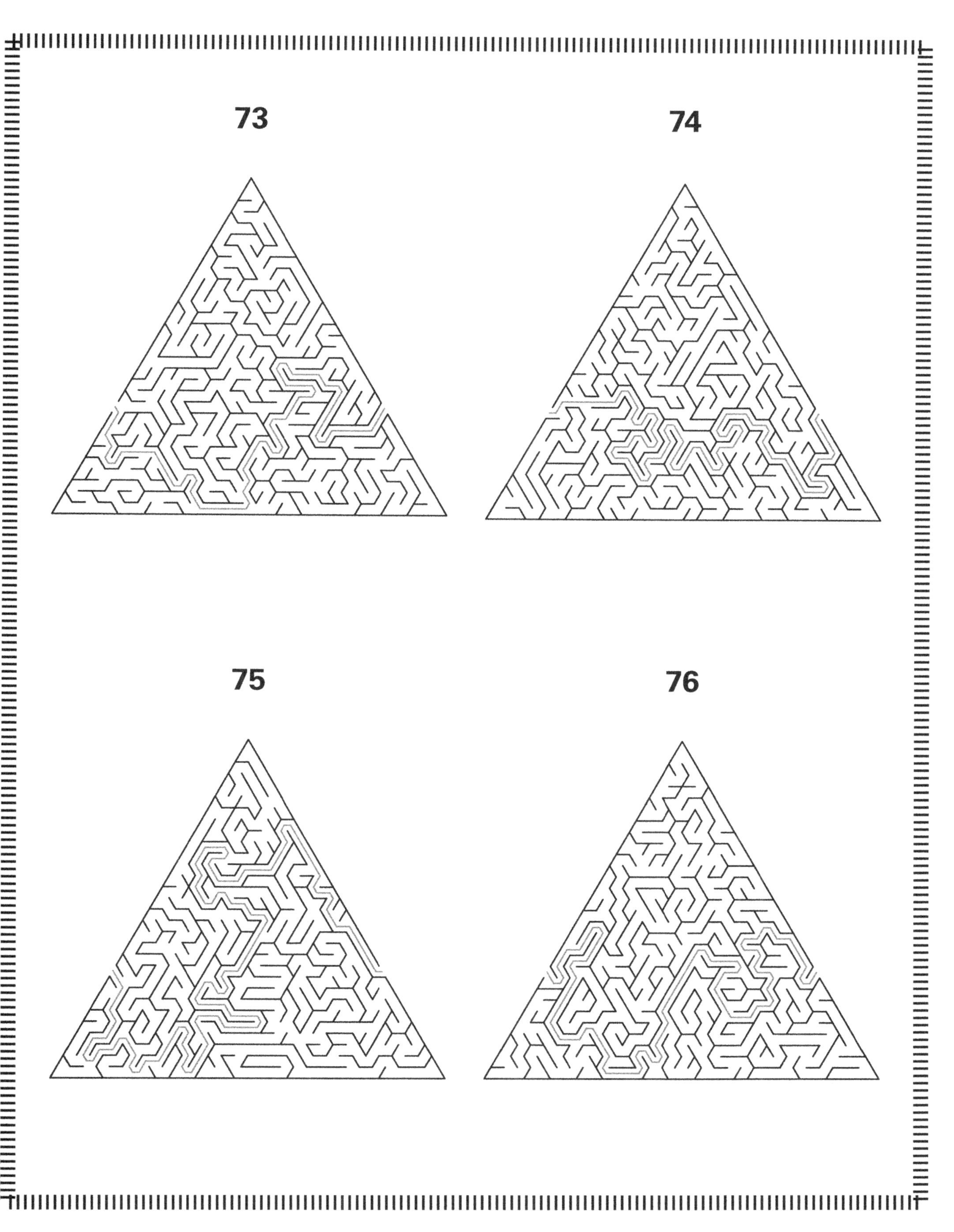
73
74
75
76

77

78

79

80

**81**

**82**

Made in the USA
Monee, IL
07 July 2026

56546066R00059